아주아주 큰
백과 그림책
공룡

아주아주 큰 백과 그림책
공룡

그림 루돌프 파카스 | 글 톰 잭슨 | 번역 김아림

번역 김아림

서울대학교 생물교육과를 졸업했고, 같은 학교 대학원 과학사 및 과학철학 협동과정에서 석사 학위를 받았어요. 대학원에서는 생물학의 역사와 철학, 진화 생물학을 공부했습니다. 과학을 좀 더 넓은 관점에서 통합적으로 바라보는 일에 관심이 있어 출판사에서 과학 책을 만들다가 지금은 출판기획자 및 전문번역가로 활동 중입니다. 옮긴 책으로는 《고래: 고래와 돌고래에 관한 모든 것》, 《가장 완벽한 지구책》, 《공룡 기네스북》 등이 있습니다.

2025년 2월 1일 2판 1쇄 발행

그림 루돌프 파카스 글 톰 잭슨 번역 김아림
펴낸이 나성훈 펴낸곳 (주)예림당 등록 제2013-000041호
편집 전숙현 박지현 디자인 최보미
제작 신상덕 저작권 영업 문하영
주소 서울시 성동구 아차산로 153 홈페이지 www.yearim.kr
구매 문의 전화 561-9007 팩스 562-9007 내용 문의 전화 566-1004

ISBN 978-89-302-6353-5 74490
ISBN 978-89-302-6351-1 (세트)

Copyrigtht © Weldon Owen International

이 책의 한국어판 저작권은 Weldon Owen과 독점 계약한 도서출판 (주)예림당에 있습니다.
저작권법에 의해 한국 내에서 보호를 받는 저작물이므로 무단 전재와 복제를 금합니다.

어린이제품 안전특별법에 의한 제품 표시사항
제품명 도서 제조자명 (주)예림당 제조국명 대한민국 전화번호 02)566-1004
사용연령 8세 이상 주소 서울시 성동구 아차산로 153 제조년월 발행일 참조

⚠ 주의!
책을 던지거나 떨어뜨려 다치지 않도록 주의하세요.

이 책을 읽기 전에

아주 오랜 옛날 중생대에는 공룡이라 불리는 파충류가 지구에서 어슬렁거리고 다녔어요. 당시의 지구는 지금과는 상당히 달랐지요. 대륙도 서로 연결되어 있었고, 오늘날 사람들이 사는 육지는 물로 덮여 있었어요. 그리고 울창한 숲이 우거져 공룡이 살아가기에 완벽한 조건이었지요. 하지만 지금으로부터 6500만 년 전, 거대한 소행성 하나가 지구와 충돌하면서 공룡은 사라지고 말았어요. 오늘날 우리가 공룡에 대해 알고 있는 모든 지식은 화석을 통해 알아낸 거예요.

이 책에는 한때 지구에 살았던 신비로운 생명체인 공룡에 대한 놀라운 사실들이 나와요. 엄청나게 덩치 큰 초식 공룡에서 날렵하고 무시무시한 육식 공룡까지 모두 등장하지요. 각 페이지마다 티라노사우루스 렉스나 스테고사우루스의 독특한 특징을 보여 주고, 이 공룡들이 어떻게 살았는지 여러 가지 흥미로운 사실들을 알려 줄 거예요.

앞 발가락의 엄지에 두껍고 날카로운 발톱이 있는 공룡은 누굴까요? 또 망치 모양의 뼈 뭉치가 달린 꼬리를 휘둘러 적들을 혼내 주는 공룡은 누구일까요? 기린보다 키가 두 배나 더 큰 공룡은요? 이 책을 통해 이 질문들에 대한 답뿐만 아니라 훨씬 더 많은 사실들을 알 수 있을 거예요.

공룡 더 알기

살던 곳: 북아메리카
이름의 뜻: 3개의 뿔이 달린 얼굴
몸길이: 9m
몸무게: 5,500kg
살던 때: 6700만~6500만 년 전
먹이: 나뭇잎

차례

티라노사우루스 렉스	8
기가노토사우루스	10
알로사우루스	12
데이노니쿠스	14
유타랍토르	16
스피노사우루스	18
이구아노돈	20
트리케라톱스	22
스티기몰로크	24
프시타코사우루스	26
스테고사우루스	28
안킬로사우루스	30
벨로키랍토르	32
브라키오사우루스	34
디플로도쿠스	36
드레드노투스	38
오비랍토르	40
마이아사우라	42
코리토사우루스	44
파라사우롤로푸스	46

플라테오사우루스	48
테리지노사우루스	50
코엘로피시스	52
미크로랍토르	54
콤프소그나투스	56
아비미무스	58
시조새	60
케찰코아툴루스	62
프테로닥틸루스	64
엘라스모사우루스	66
크로노사우루스	68
이크티오사우루스	70
틸로사우루스	72
디메트로돈	74
가스토니아	76
사르코수쿠스	78

티라노사우루스 렉스

Tyrannosaurus rex

- 티라노사우루스 렉스의 이빨 하나는 어른 손바닥보다 더 길어요.

- 이 공룡은 어른 한 사람만 한 크기의 70kg 고깃덩어리도 한입에 꿀꺽 삼킬 수 있는 아주아주 큰 턱을 가지고 있어요.

- 짧은 앞다리에 달린 갈고리 같은 긴 발톱 2개는 고기를 찍고 뜯기 좋게 해 줘요.

어떤 과학자들은 사람보다 달리기 속도가 느렸을 거라 추측해요.

 뼈 화석에서 다른 티라노사우루스 렉스의 이빨 자국이 발견되었어요. 서로 싸움박질을 했다는 증거랍니다.

 먹이를 물어뜯는 힘이 사자보다 세 배나 더 세요.

 티라노사우루스 렉스는 주로 살아 있는 먹잇감을 사냥했지만, 죽은 공룡을 먹기도 했어요.

공룡 더 알기

살던 곳: 북아메리카
이름의 뜻: 폭군 도마뱀 왕
몸길이: 12m
몸무게: 7,000kg
살던 때: 6700만~6500만 년 전
먹이: 트리케라톱스와 하드로사우루스

기가노토사우루스
Giganotosaurus

- 이 덩치 큰 사냥꾼은 티라노사우루스 렉스보다 몸집이 크지만 훨씬 날렵하고 빨리 달려요.
- 무리를 지어 다니며 초식 공룡 떼를 덮쳐서 사냥해요.
- 달리는 동안 큰 몸통 때문에 쓰러지지 않게 긴 꼬리로 균형을 잡아요.
- 기가노토사우루스의 머리 길이는 보통 어른 키와 비슷해요.

-  커다란 몸통과 머리에 비해 뇌가 작고 머리뼈가 가늘어서 그리 똑똑하진 않답니다.
-  도망가던 먹잇감이 너무 지쳐서 공격할 힘이 없어질 때까지 끈질기게 쫓아가요.
-  이빨의 가장자리가 톱니 모양으로 나 있어 먹이를 잘 잘라 먹을 수 있어요.

공룡 더 알기

살던 곳: 아르헨티나
이름의 뜻: 거대한 남쪽 도마뱀
몸길이: 12.5m
몸무게: 8,000kg
살던 때: 1억 1200만~9000만 년 전
먹이: 아르젠티노사우루스

알로사우루스
Allosaurus

 갈고리 모양의 이빨로 도망치려 발버둥 치는 먹잇감을 꽉 붙잡을 수 있어요.

 격렬하게 싸우는 동안 이빨이 빠지거나 부서지기도 하지만 나중에 새 이빨이 자라요.

 날카로운 이빨로 먹잇감의 목을 세게 물어 깊은 상처를 입힌 다음 목숨을 빼앗아요.

공룡 더 알기

살던 곳: 북아메리카, 유럽
이름의 뜻: 특별한 도마뱀 또는 이상한 도마뱀
몸길이: 12m
몸무게: 2,000kg
살던 때: 1억 5600만~1억 4400만 년 전
먹이: 스테고사우루스를 비롯한 공룡들

 눈 위에 튀어나온 억센 돌기는 싸우는 동안 눈이 다치지 않게 보호해 줘요.

 냄새를 잘 맡아 먹잇감을 쉽고 빠르게 찾을 수 있어요.

 제일 좋아하는 먹이는 스테고사우루스랍니다.

 알로사우루스는 화석이 가장 많이 발견되는 공룡 가운데 하나예요. 전 세계 곳곳에서 발견돼요.

데이노니쿠스
Deinonychus

공룡 더 알기

- 살던 곳: 북아메리카
- 이름의 뜻: 무시무시한 발톱
- 몸길이: 3m
- 몸무게: 75kg
- 살던 때: 1억 2000만~1억 1000만 년 전
- 먹이: 초식 공룡

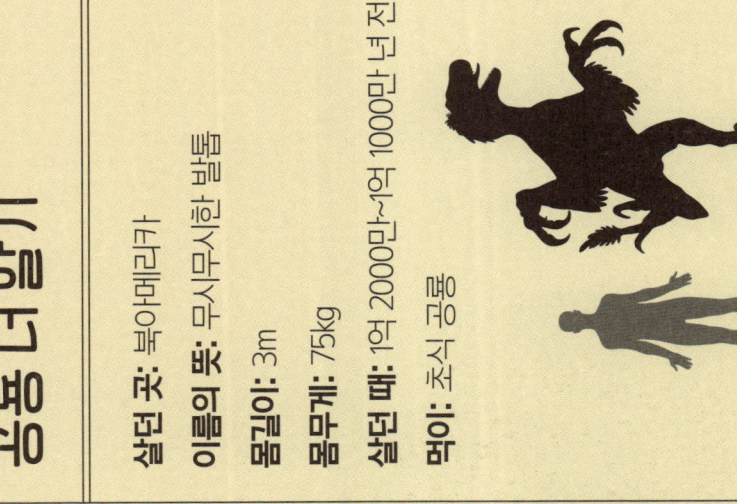

데이노니쿠스는 자기보다 큰 육식 공룡을 만나면 갈고리 모양의 발톱을 이용해 나무 위로 달아났어요.

날카로운 발톱은 무도 젖혀져 평소에는 땅에 끌리지 않아요. 그래서 날카롭게 유지할 수 있답니다.

빠른 속도로 달려 발톱으로 찔러 죽였어요.

몸을 덮고 있는 깃털은 오늘날 볼 수 있는 새들의 깃털과 같아요.

깃털이 달린 앞다리로 경사가 급한 비탈길도 쉽게 오를 수 있었어요.

튼튼한 두 뒷다리로 달리며 긴 앞다리로 먹잇감을 붙잡았어요.

공룡 치고는 뇌가 컸어요. 머리가 꽤 좋은 공룡이었답니다.

15

유타랍토르
Utahraptor

- 키가 큰 사냥꾼으로 아주 멀리 있는 먹잇감의 냄새도 맡을 수 있어요.
- 기다란 뼈는 단단하지만 뼛속이 텅 비어 있어 가벼워요.
- 앞다리에 난 깃털은 아마 밝은색이었을 거예요.
- 이 깃털은 몸을 따뜻하게 해 줬고, 짝짓기 상대의 관심을 끄는 역할도 했어요.

 유타랍토르의 뇌는 타조의 뇌와 크기가 비슷해요.

 날렵한 뒷다리로 한번에 5m 높이까지도 풀쩍 뛰어오를 수 있어요.

 무리를 지어 다니며 자기보다 덩치 큰 공룡을 사냥했어요.

공룡 더 알기

살던 곳: 북아메리카
이름의 뜻: 유타의 약탈자(유타에서 발견)
몸길이: 6m
몸무게: 1,000kg
살던 때: 1억 1200만~1억 년 전
먹이: 덩치 큰 초식 공룡

스피노사우루스
Spinosaurus

- 지금까지 발견된 육식 공룡 가운데 몸집이 가장 커요.
- 물속뿐만 아니라 늪지대에서도 먹잇감을 잡아먹었어요. 오늘날의 악어와 비슷해요.
- 스피노사우루스라는 이름은 등에 뻗어 나온 가시 같은 뼈 때문에 붙여졌어요.
- 스피노사우루스는 뒷다리로 버티고 서서 긴 앞다리로 먹잇감을 꽉 움켜잡았어요.

- 등에 솟은 뾰족한 뼈에 피부가 덮여 있어서 마치 거대한 돛 같아요. 짝짓기 상대를 유혹하는 데도 쓰였어요.
- 주둥이 꼭대기에 콧구멍이 있어 머리 윗부분만 물 밖으로 내놓고 숨을 쉬며 먹잇감을 기다렸어요.
- 주둥이에 달린 감각 기관 덕분에 주변을 헤엄치는 물고기들이 만드는 물의 흐름과 약한 전류를 알아차릴 수 있었어요.

공룡 더 알기

살던 곳: 북아프리카
이름의 뜻: 가시 돋은 도마뱀
몸길이: 18m
몸무게: 4,000kg
살던 때: 9500만~7000만 년 전
먹이: 물고기

이구아노돈
Iguanodon

 1825년에 발견된 이구아노돈은 공룡 중 두 번째로 이름을 갖게 되었어요.

 이구아노돈은 앞발 엄지에 두껍고 날카로운 발톱이 하나 있어요.

 초기의 과학자들은 앞발의 엄지발톱이 코에 난 뿔이라고 오해했답니다.

공룡 더 알기

살던 곳: 북아메리카, 유럽, 아시아, 아프리카
이름의 뜻: 이구아나의 이빨
몸길이: 10m
몸무게: 4,500kg
살던 때: 1억 4000만~1억 1000만 년 전
먹이: 식물

 네발로 걸었지만 두 발로도 달릴 수 있었어요.

 이구아노돈은 엄지발톱으로 나뭇잎이나 작은 가지를 뜯어 먹을 수 있었어요.

 여럿이 무리를 지어 다니며 생활했어요.

 육식 공룡이 공격했을 때 엄지발톱으로 찔러 공격을 막기도 했어요.

트리케라톱스
Triceratops

- 트리케라톱스는 머리에 달린 3개의 뿔로 티라노사우루스 렉스의 공격에 맞서 싸웠어요.
- 목 가장자리에 달린 단단한 프릴이 육식 공룡에게 물어뜯기지 않도록 방패 같은 역할을 했어요.
- 머리뼈는 소형차만큼 커요. 이제까지 지구상에 살았던 육상 동물 중 머리뼈가 제일 크답니다.

공룡 더 알기

살던 곳: 북아메리카
이름의 뜻: 3개의 뿔이 달린 얼굴
몸길이: 9m
몸무게: 5,500kg
살던 때: 6700만~6500만 년 전
먹이: 나뭇잎

- 앵무새 부리처럼 생긴 갈고리 모양의 부리로 나뭇잎을 쉽게 잘라 먹었어요.
- 몸집이 커서 빨리 달릴 수 없었던 트리케라톱스는 육식 공룡이 공격해 오면 정면으로 맞서 싸웠어요.
- 눈 위에 난 2개의 뿔은 길이가 1m도 넘어요.

스티기몰로크

Stygimoloch

- 이 공룡의 머리뼈는 둥그런 모양이에요. 그 위에 날카롭고 뾰족한 뿔들이 나 있어요.
- 뾰족한 가시 뿔은 장식용이었지만 상대방의 공격을 막는 데도 쓰였어요.
- 가시 뿔 때문에 같은 수컷끼리 박치기를 하지는 않았어요. 대신 서로 옆구리를 밀어붙이며 힘겨루기를 했지요.
- 이빨은 조그만 삼각형 모양이라 억센 잎을 씹어 먹기 좋았어요.
- 나이가 들면서 머리뼈가 점점 더 둥글어지고 머리에 뿔도 더 많이 돋았어요.

공룡 더 알기

살던 곳: 북아메리카
이름의 뜻: 스틱스 강(죽음의 강)에서 온 가시 달린 악마
몸길이: 3m
몸무게: 77kg
살던 때: 6700만~6500만 년 전
먹이: 식물

- 무리를 지어 다녔는데 가장 힘센 수컷이 무리를 이끌었어요.
- '두꺼운 머리뼈를 가진 도마뱀'이란 뜻을 가진 파키케팔로사우루스과에 속해요.

프시타코사우루스
Psittacosaurus

- 이 공룡은 꼬리에 깃털 장식이 달려 있어요.
- 앵무새처럼 생긴 딱딱한 부리는 덤불 윗부분을 잘라 먹기 좋아요.
- 프시타코사우루스는 육식 공룡을 피해 달아날 때 무척 빨리 달렸어요. 뒷다리로 서서 달리는 동안 꼬리로 균형을 잡았답니다.

공룡 더 알기

살던 곳: 아시아
이름의 뜻: 앵무새 도마뱀
몸길이: 2m
몸무게: 50kg
살던 때: 1억 2000만~1억 년 전
먹이: 식물

- 쉴 때는 네발로 땅 위에 서서 쉬었어요.
-  작은 몸집에 비해 눈이 커서 밤이나 낮에 주변을 두루 살필 수 있었어요.
-  얼굴 양옆에 뾰족한 뿔이 달려 있어요.
-  몇몇 과학자들은 이 공룡이 꼬리의 깃털을 노처럼 저어서 호수를 헤엄쳤을 거라고 이야기해요.

스테고사우루스
Stegosaurus

공룡 더 알기
- **살던 곳:** 북아메리카, 유럽
- **이름의 뜻:** 지붕 도마뱀
- **몸길이:** 9m
- **몸무게:** 3,100kg
- **살던 때:** 1억 5600만~1억 4400만 년 전
- **먹이:** 식물

- 스테고사우루스의 뇌의 크기는 호두알만 해요. 뇌의 크기가 작아 머리가 나쁜 공룡 가운데 하나예요.
- 꼬리 끝에 달린 날카로운 가시로 공격해 오는 육식 공룡을 물리쳤어요.
- 등에 두 줄로 난 단단한 골판이 있어서 육식 공룡들이 등이나 목을 쉽게 물어뜯을 수 없었어요.
- 골판은 햇볕의 온기를 흡수해 몸을 따뜻하게 유지해 주었어요.
- 처음 이 공룡의 화석을 본 과학자들은 등 골판이 양옆으로 튀어나온 골판이 '지붕' 같다고 생각했어요.
- 스테고사우루스는 먹이를 잘게 썰지 못했기 때문에 덩어리째 삼켰어요.
- 머리를 높게 들 수 없어서 키가 작은 고사리를 주로 뜯어 먹었어요.

안킬로사우루스
Ankylosaurus

- 안킬로사우루스의 등은 단단한 뼈로 된 갑옷으로 덮여 있고, 그 위로 삐죽삐죽 가시가 솟아 있어요.
- 꼬리 끝에는 망치 모양의 단단한 뼈 뭉치가 달려 있어요.
- 육식 공룡들이 공격해 오면 이 꼬리를 휘둘러 물리쳤어요.

 망치 꼬리를 한번 휘두르면 티라노사우루스 렉스의 다리도 부러뜨릴 수 있었어요.

 갑옷은 몸에만 있는 것이 아니라 눈꺼풀까지도 단단한 갑옷으로 싸여 있어요.

 4개의 다리는 무척 짧고 튼튼해서 싸울 때도 쉽게 넘어지지 않았어요.

 안킬로사우루스는 산악 지대에 살면서 온갖 종류의 식물을 가리지 않고 먹었어요.

공룡 더 알기

살던 곳: 북아메리카
이름의 뜻: 연결된 도마뱀
몸길이: 7m
몸무게: 5,500kg
살던 때: 7400만~6700만 년 전
먹이: 식물

벨로키랍토르
Velociraptor

- 벨로키랍토르는 가장 유명한 공룡 가운데 하나예요. 하지만 사람들이 생각하는 것보다 몸집이 훨씬 작아요.
- 몸집이 칠면조만 해요. 물론 칠면조보다 훨씬 사나웠지만요.
- 앞다리에 달린 갈고리 모양의 발톱을 앞으로 내뻗어 먹잇감을 붙잡았어요.
- 뒷다리의 뾰족한 갈고리 발톱으로 먹잇감을 찍고 날카로운 이빨로 찢어 먹었어요.

공룡 더 알기

살던 곳: 몽골
이름의 뜻: 날렵한 도둑
몸길이: 1.8m
몸무게: 15kg
살던 때: 8400만~8000만 년 전
먹이: 새, 작은 포유류, 프로토케라톱스 같은 작은 공룡들

- 깃털을 활용해 주변 환경 속에 숨었다가 먹잇감을 덮쳐서 잡아먹어요.
- 살아 있는 먹잇감을 사냥하기도 했지만 이미 죽은 동물의 고깃덩어리를 먹기도 했어요.
- 벨로키랍토르의 달리기 속도는 최대 60km였어요. 토끼 정도의 빠르기로 달릴 수 있었어요.

브라키오사우루스
Brachiosaurus

 브라키오사우루스의 키는 보통 기린의 두 배 정도 커요.

 이 덩치 큰 공룡은 솔잎을 벗겨 먹거나 키 큰 나무 위의 잎을 뜯어 먹었어요.

 머리 위쪽에는 커다란 콧구멍이 있었는데, 이 콧구멍으로 큰 소리를 낼 수 있었어요.

 넓적다리뼈는 보통 사람의 키보다 컸어요.

 8일마다 약 1,000kg이나 되는 식물을 먹어 치웠어요.

 브라키오사우루스의 긴 목은 12개의 커다란 뼈로 이루어져 있어요.

 언제나 목을 위로 치켜들고 있었어요. 목을 땅으로 숙이는 일은 상당히 드물었어요.

공룡 더 알기

살던 곳: 북아메리카
이름의 뜻: 팔 도마뱀
몸길이: 30m
몸무게: 56,000kg
살던 때: 1억 5500만~1억 4000만 년 전
먹이: 식물

디플로도쿠스
Diplodocus

 디플로도쿠스는 지금까지 발견된 육상 동물 가운데 몸이 가장 길어요.

 만약 디플로도쿠스가 축구 경기장 한가운데서 풀을 뜯어 먹으면, 꼬리가 골대에 닿을 거예요.

 길고 끝이 뾰족한 꼬리를 채찍처럼 휘둘러 자신을 공격하는 육식 공룡을 물리쳤어요.

 척추와 꼬리에는 뼈가 95개나 있어요. 사람의 척추뼈가 24개라는 걸 생각하면 엄청 많은 거예요.

공룡 더 알기

살던 곳: 북아메리카
이름의 뜻: 2개의 기둥
몸길이: 45m
몸무게: 15,000kg
살던 때: 1억 5500만~1억 4500만 년 전
먹이: 식물

- 뒷다리는 앞다리보다 훨씬 길어요.
  그래서 머리를 낮춰 땅에 난 풀을 뜯기 편해요.

- 디플로도쿠스는 이빨이 머리빗처럼 생겨 잘 씹을 수 없었어요.
  그래서 미리 삼킨 작은 돌멩이로 먹이를 잘게 부숴 소화시켰어요.

- 몸속 깊은 곳에 있는 공기주머니는
  공기를 폐 속으로 펌프질하도록 도와주었어요.

드레드노투스

Dreadnoughtus

- 드레드노투스는 지금껏 발견된 모든 공룡 가운데 몸집이 가장 커요.
- 몸무게가 아프리카코끼리를 13마리 합친 것과 같아요.
- 몸집이 너무 커서 감히 맞서는 적수가 없답니다.
- 이 거대한 공룡의 이름은 '드레드노트'라는 영국의 무적 전함 이름에서 따왔어요.

- 이 공룡은 티타노사우루스류에 속하는데, 이 무리의 이름은 그리스 신화의 거인 '타이탄'에서 따온 거예요.
- 비교적 최근에 발견된 공룡이에요. 지금껏 두 마리의 화석이 발견되었는데, 둘 다 2005년에 발굴되었어요.
- 발굴된 화석은 아직 덜 자란 새끼 공룡일 수도 있어요. 자라면 덩치가 엄청나게 큰 공룡일 수도 있다는 거예요.

공룡 더 알기

살던 곳: 남아메리카
이름의 뜻: 아무것도 두려워하지 않는
몸길이: 26m
몸무게: 59,000kg
살던 때: 8400만~6600만 년 전
먹이: 식물

오비랍토르
Oviraptor

공룡 더 알기
- **살던 곳**: 물풀
- **이름의 뜻**: 알 도둑
- **몸길이**: 2m
- **몸무게**: 25kg
- **살던 때**: 8500만~7500만 년 전
- **먹이**: 식물, 도마뱀, 조개류

- 이 공룡의 첫 번째 화석은 알이 있는 둥지 옆에서 발견되었어요.

- 과학자들은 이 모습을 보고 다른 공룡의 둥지를 습격한 거라고 생각했지요. 하지만 사실은 이 공룡은 자신이 낳은 알을 지키는 엄마였어요.

- 오비랍토르는 꼬리에 밝은색의 깃털이 달려 있어서 펼치면 마치 공작새 같아요.

- 머리에 툭 튀어나온 볏과 같은 돌기가 있어요. 이 돌기는 무기로 쓰이거나 짝짓기를 하기 위한 과시용이었어요.

- 눈이 커서 위험이 닥치면 얼른 알아차릴 수 있었어요. 그래서 육식 공룡이 나타나면 재빨리 도망쳤어요.

- 벨로키랍토르를 비롯한 육식 공룡들과 친척 관계이지만 작은 동물과 식물을 다 가리지 않고 먹는 잡식성이었어요.

- 이빨이 없지만 주둥이가 새의 부리처럼 생겼고, 입 안쪽에 뾰족한 뼈가 있어요. 아마 조개껍질을 부수는 데 쓰였을 거예요.

40

마이아사우라

Maiasaura

- 마이아사우라는 다 함께 무리 지어 살았어요.
- 이 무리는 수많은 둥지를 만들어 같은 시기에 알을 낳아요.
- 마이아사우라 어미는 흙과 진흙으로 높게 더미를 쌓아 둥지를 만들었어요.
- 그리고 둥지를 둘러싸고 소라 껍데기처럼 빙빙 돌아가며 알을 낳아요.

공룡 더 알기

살던 곳: 북아메리카
이름의 뜻: 착한 엄마 도마뱀
몸길이: 9m
몸무게: 2,500kg
살던 때: 8000만~7500만 년 전
먹이: 식물

새끼 공룡은 알을 깨고 나오면 둥지에 머무르며 어미가 물어다 주는 먹이를 먹고 자라요.

 높은 곳에 있는 나뭇잎은 뒷다리로 서서 따 먹어요.

 마이아사우라의 화석은 우주 왕복선에 실려 우주 여행을 한 첫 번째 화석이에요.

코리토사우루스

Corythosaurus

 코리토사우루스는 오리 주둥이를 가진 공룡이에요. 머리 위에 볼록 튀어나온 볏이 모자 같다고 해서 '헬멧 도마뱀'이란 뜻의 이름이 붙여졌어요.

 짝짓기 철에 이 볏의 색깔은 밝은색으로 바뀌어 한층 더 뽐낼 수 있었어요.

 오리 주둥이로 소나무의 솔잎과 잔가지, 솔방울을 으깨 먹었어요.

공룡 더 알기

살던 곳: 북아메리카
이름의 뜻: 헬멧 도마뱀
몸길이: 10m
몸무게: 4,500kg
살던 때: 7600만~7400만 년 전
먹이: 식물

- 머리 볏은 속이 텅 비어 있고 콧구멍과 연결되어 소리가 크게 울리게 해 주었어요.
- 코리토사우루스는 숲속에 살며, 늪을 따라 이동했어요.
- 이 공룡의 귀는 머리뼈 안쪽에 숨겨 있지만 대부분의 다른 공룡들보다 소리를 훨씬 잘 들었어요.
- 낮뿐만 아니라 밤에도 앞을 잘 볼 수 있는 눈을 가지고 있어요.

파라사우롤로푸스
Parasaurolophus

공룡 더 알기

살던 곳: 북아메리카
이름의 뜻: 볏이 달린 도마뱀
몸길이: 11m
몸무게: 3,500kg
살던 때: 7600만~7400만 년 전
먹이: 솔잎과 나뭇잎

- 파라사우롤로푸스의 머리에는 기다란 관 모양의 볏이 달려 있어요.
- 이 볏은 머리 꼭대기 뒤에서부터 콧구멍을 가로지를 만큼 길어요.
- 볏은 마치 트럼펫처럼 커다란 경적 소리를 내요.
- 또한 파라사우롤로푸스가 달릴 때 볏이 공기를 순환시켜 몸을 시원하게 해 주었어요.
- 이 공룡은 네발로 걷지만 위험으로부터 도망칠 때는 뒷다리로만 뛰어요.

무리를 지어 다니며, 나이가 많고 뿔이 가장 긴 파라사우롤로푸스 수컷이 무리를 이끌어요.

 무리들은 여름에 높은 산간 지대로 가서 지내다가 겨울에 다시 산 아래로 내려와 생활했어요.

플라테오사우루스
Plateosaurus

- 플라테오사우루스는 무척 오래전에 살았던 초식 공룡이에요. 티라노사우루스 렉스가 살았던 시기보다 앞선 1억 5000만 년 전에 살았어요.
- 디플로도쿠스나 브라키오사우루스 같은 거대한 공룡의 조상뻘이랍니다.
- 이 공룡은 두 다리로 걸었고, 갈고리 발톱이 달린 앞다리로 나뭇가지를 잡아서 먹었어요.
- 튼튼하고 긴 꼬리를 세 번째 다리로 삼아 균형을 잡으며 높은 나무에 닿을 수 있었어요.

공룡 더 알기

살던 곳: 유럽
이름의 뜻: 납작한 도마뱀
몸길이: 7m
몸무게: 4,000kg
살던 때: 2억 1000만 년 전
먹이: 식물

- 평평하고 납작한 이빨로 나뭇잎을 잘게 잘라 먹어요.
- 앞다리에 있는 갈고리 모양의 날카롭고 큼직한 엄지발톱으로 육식 공룡들과 싸웠어요.

테리지노사우루스
Therizinosaurus

- 앞발의 커다란 발톱이 휘어진 낫처럼 생겼다 해서 '낫 도마뱀'이란 뜻의 이름이 붙었어요.
- 앞발에는 거대한 발톱이 3개씩 있어요. 발톱 길이가 테니스 라켓만 해요.
- 이 공룡은 친척인 벨로키랍토르나 데이노니쿠스처럼 몸이 깃털로 덮여 있어요.
- 테리지노사우루스는 편평한 이빨과 부리를 가졌어요. 다른 동물을 사냥한 게 아니라 식물이나 곤충을 먹고 살았다는 것을 알 수 있어요.

공룡 더 알기

살던 곳: 몽골
이름의 뜻: 낫 도마뱀
몸길이: 9m
몸무게: 5,000kg
살던 때: 8500만~7000만 년 전
먹이: 식물과 곤충

- 낫처럼 생긴 커다란 발톱은 높은 나뭇가지를 끌어당겨 나뭇잎을 따 먹는 데 쓰였어요.
- 커다란 발톱으로 식물의 뿌리나 흰개미 둥지를 파헤치기도 했어요.
- 키가 무척 큰 테리지노사우루스가 거대한 발톱을 휘두르면, 대부분의 육식 공룡들을 쫓아낼 수 있었어요.

코엘로피시스
Coelophysis

- 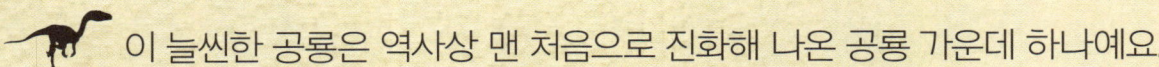 이 늘씬한 공룡은 역사상 맨 처음으로 진화해 나온 공룡 가운데 하나예요.
- 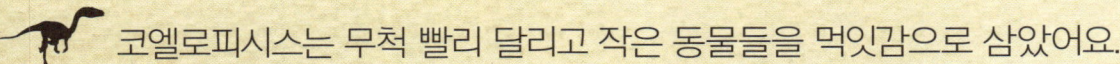 코엘로피시스는 무척 빨리 달리고 작은 동물들을 먹잇감으로 삼았어요.
- 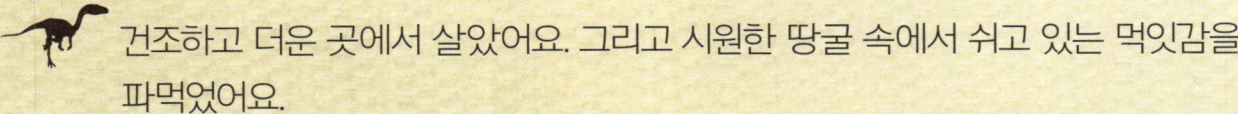 건조하고 더운 곳에서 살았어요. 그리고 시원한 땅굴 속에서 쉬고 있는 먹잇감을 파먹었어요.
- 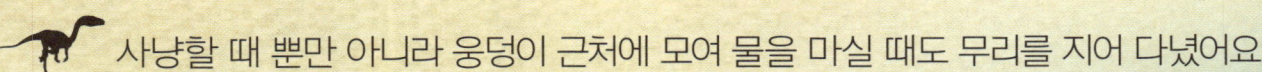 사냥할 때 뿐만 아니라 웅덩이 근처에 모여 물을 마실 때도 무리를 지어 다녔어요.
- 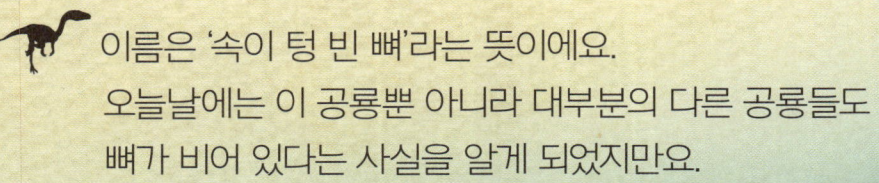 이름은 '속이 텅 빈 뼈'라는 뜻이에요. 오늘날에는 이 공룡뿐 아니라 대부분의 다른 공룡들도 뼈가 비어 있다는 사실을 알게 되었지만요.

공룡 더 알기

살던 곳: 북아메리카
이름의 뜻: 속이 텅 빈 뼈
몸길이: 3m
몸무게: 27kg
살던 때: 2억 2500만~2억 2000만 년 전
먹이: 물고기와 작은 파충류

- 미국 뉴멕시코주의 한 장소에서만 1,000개도 넘는 코엘로피시스의 화석이 무더기로 발견되었어요.

- 같은 동족을 잡아먹었다는 이야기가 돌기도 하는데 사실은 그렇지 않답니다.

미크로랍토르
Microraptor

- 이 작은 공룡은 깃털로 덮여 있고 4개의 날개가 있는데, 2개는 앞다리에, 다른 2개는 뒷다리에 있어요.

- 미크로랍토르는 날개에 달린 발톱으로 나무에 올라요.

- 위험이 닥치면 4개의 날개로 나무에서 나무로 점프하듯이 날아다녀요.

- 여느 새들과 달리 땅에서 직접 날개를 퍼덕이며 날아오르지는 못했어요. 대신 높은 데서 미끄러지듯 날았어요.
- 이렇게 미끄러져서 나는 방식으로 나무 위에 사는 도마뱀을 덮쳐 잡아먹었어요.
- 물 위를 미끄러져 날면서 물고기를 잡아채 먹기도 해요.
- 눈이 무척 좋아서 밤에도 사냥을 잘할 수 있었어요.

공룡 더 알기

살던 곳: 중국
이름의 뜻: 작은 약탈자
몸길이: 0.8m
몸무게: 1.5kg
살던 때: 1억 2500만~1억 2200만 년 전
먹이: 곤충

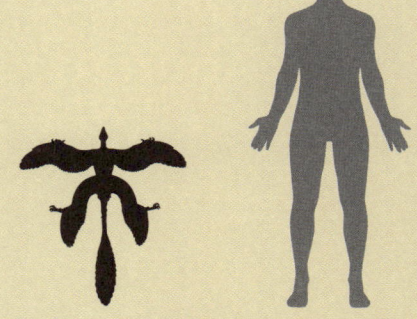

콤프소그나투스
Compsognathus

- 콤프소그나투스는 몸집이 닭 크기 정도로 가장 작은 공룡이에요.
- 커다란 눈을 가지고 잘 볼 수 있어서 작은 먹잇감도 잘 찾아요.
- 덤불을 헤치고 다니는 도마뱀을 쫓아가 잡아먹었어요.
- 먹잇감을 부수기 좋도록 입 뒤쪽 이빨이 편평했어요.

공룡 더 알기

살던 곳: 유럽
이름의 뜻: 우아한 턱
몸길이: 65cm
몸무게: 3.6kg
살던 때: 1억 4500만~1억 4000만 년 전
먹이: 곤충과 도마뱀

- 이 조그만 공룡은 스테고사우루스 같은 덩치 큰 초식 공룡 무리와 가까이 살았어요.
- 과거에 동유럽과 서아시아가 바다에 잠겨 있을 때 존재했던 고대의 섬에서 살았다고 해요.

아비미무스
Avimimus

- 이 공룡은 지금으로부터 약 7500만 년 전 지금의 몽골에서 살았어요.
- 작은 앞다리는 새의 날개처럼 뼈가 서로 합쳐져 있어요.
- 날 수 없었지만 깃털 달린 앞다리를 활용해 언덕 위로 달리거나 펄쩍 뛰어올라 곤충을 잡았어요.
- 부리 안쪽에는 이빨처럼 생긴 작은 돌기들이 나 있었어요. 식물과 작은 동물을 둘 다 먹었다는 것을 알 수 있어요.

공룡 더 알기

살던 곳: 아시아
이름의 뜻: 새를 닮은 공룡
몸길이: 1.5m
몸무게: 15kg
살던 때: 8000만~7500만 년 전
먹이: 식물, 곤충과 조그만 도마뱀들

아비미무스는 모래 언덕에 살았고 달리는 속도가 무척 빨랐어요.

여럿이 무리를 지어 다니며 안전하게 생활했어요.

시조새

Archaeopteryx

- 많은 과학자들은 시조새가 공룡이 아니라 최초의 새였다고 생각해요.
- 공룡과 마찬가지로 꼬리에 기다란 뼈와 날카로운 이빨이 있었어요.
- 시조새가 땅에서 날개를 퍼덕여 날아오를 수 있었는지는 아무도 모른답니다. 어쩌면 나무 위에서 미끄러지듯이 날았을지도 몰라요.
- 시조새는 오늘날의 새에 비해 날개를 움직이는 근육이 크게 발달되지 않았어요. 그래서 아주 오래 날지는 못했어요.

원시 조류 더 알기

살던 곳: 유럽
이름의 뜻: 고대의 날개
몸길이: 0.5m
몸무게: 0.5kg
살던 때: 1억 4700만 년 전
먹이: 곤충과 도마뱀

- 커다란 눈을 가졌고 주로 낮에 사냥을 했어요.
- 시조새는 호수 위를 지날 때 날개를 이용해 균형을 잡았어요.
- 날카로운 이빨이 있는 부리로 먹잇감을 잡은 다음 발톱으로 꽉 움켜쥐었어요.

케찰코아툴루스
Quetzalcoatlus

- 케찰코아툴루스는 지금껏 지구상에 살았던 날아다니는 동물 중에서 덩치가 가장 커요.
- 커다란 날개는 미라주 전투기의 날개와 크기가 비슷해요.
- 사실 케찰코아툴루스는 공룡이 아니에요. '익룡'이라 불리며 하늘을 나는 파충류예요.
- 이 거대한 파충류는 황새나 학처럼 땅 위에서 먹이를 찾아다녔을 가능성이 높아요.
- 네 다리로 걸어다니며 날개는 걷는 데 방해가 되지 않도록 접어 두었어요.

하늘 파충류 더 알기

살던 곳: 북아메리카
이름의 뜻: 날개를 가진 뱀
몸길이: 날개 길이 9m
몸무게: 250kg
살던 때: 7000만~6800만 년 전
먹이: 새끼 공룡, 도마뱀, 작은 포유동물

- 이름은 '케찰코아틀'이라는 고대 멕시코 신의 이름을 따서 붙였어요. 새처럼 생긴 여신이에요.

- 먹잇감을 찾아 나서면 오랜 시간 동안 하늘을 날 수 있었어요. 날개가 너무 커서 날갯짓은 할 수 없었고, 날개를 쫙 펴 바람을 타고 날았을 거예요.

프테로닥틸루스
Pterodactylus

 프테로닥틸루스는 하늘을 날아다니는 파충류예요.
박쥐처럼 날개가 커다란 피부로 덮여 있답니다.

 몸은 깃털이 빼곡한 털가죽으로 덮여 있어요.

 날개의 앞쪽에 무척 긴 손가락뼈가 달렸어요.

 프테로닥틸루스는 물 위에 내려앉을 수 있었어요.

- 작은 물고기와 곤충을 잡아먹었어요.
- 위에서 덮쳐서 채 가는 방법으로 바닷속 물고기를 잡아먹었답니다.
- 발견된 지 200년이 넘었어요. 날아다니는 파충류 중에서는 처음으로 발견되었어요.

하늘 파충류 더 알기

살던 곳: 유럽, 아프리카
이름의 뜻: 손가락을 가진 날개
몸길이: 날개 길이 1m
몸무게: 2.75kg
살던 때: 1억 5100만~1억 4800만 년 전
먹이: 곤충과 물고기

엘라스모사우루스
Elasmosaurus

- 엘라스모사우루스는 공룡이 아니에요. 수장룡이라 불리는 바다 파충류랍니다.
- 알을 낳지 않고 물속에서 새끼를 낳았어요.
- 길고 유연한 목은 71개의 뼈로 이루어져 있어요.
- 목에 비하면 꼬리뼈는 겨우 18개로 훨씬 짧아요.
- 얕은 바다에 살면서 물고기와 오징어를 잡아먹었어요.

 아래에서 솟구쳐 올라 떼를 지어 다니는 물고기들을 기다란 목으로 치받아 잡아챘어요.

 엘라스모사우루스는 다리 대신에 지느러미를 가졌어요. 그래서 육지에서 걸어 다닐 수 없었어요.

바다 파충류 더 알기

살던 곳: 얕은 바다, 특히 북아메리카
이름의 뜻: 리본 도마뱀
몸길이: 14m
몸무게: 2,750kg
살던 때: 7000만 년 전
먹이: 물고기와 조개류

크로노사우루스
Kronosaurus

 크로노사우루스는 거북의 등껍질도 부술 수 있는 엄청나게 큰 턱을 가졌어요.

 보통 바다 파충류인 수장룡의 목은 매우 긴데 크로노사우루스는 목이 짧고 두꺼워요.

바다 파충류 더 알기

살던 곳: 전 세계 바다
이름의 뜻: 거대한 도마뱀
몸길이: 9m
몸무게: 6,250kg
살던 때: 1억 1000만 년 전
먹이: 물고기, 오징어, 파충류

- 크로노사우루스는 원뿔 모양의 이빨로 먹잇감을 못처럼 꽉 깨물어요.

- 강력한 힘을 발휘하는 4개의 지느러미를 갖고 있어요. 등지느러미는 거의 날개처럼 움직여요.

- 크로노사우루스는 먹잇감을 꽉 물고 머리를 세차게 흔들어 고깃덩어리를 크게 한입 떼어 내 먹었어요. 오늘날의 악어와 비슷해요.

- 주둥이 위에는 공기가 채워진 냄새 감지 기관이 있어요. 그래서 물속에서도 먹잇감의 냄새를 맡을 수 있었어요.

- 턱 맨 앞에 달린 이빨은 큼지막한 송곳니 모양이에요. 반면에 뒤쪽에 달린 이빨은 작지만 다른 동물의 뼈도 꿰뚫을 수 있을 만큼 날카로워요.

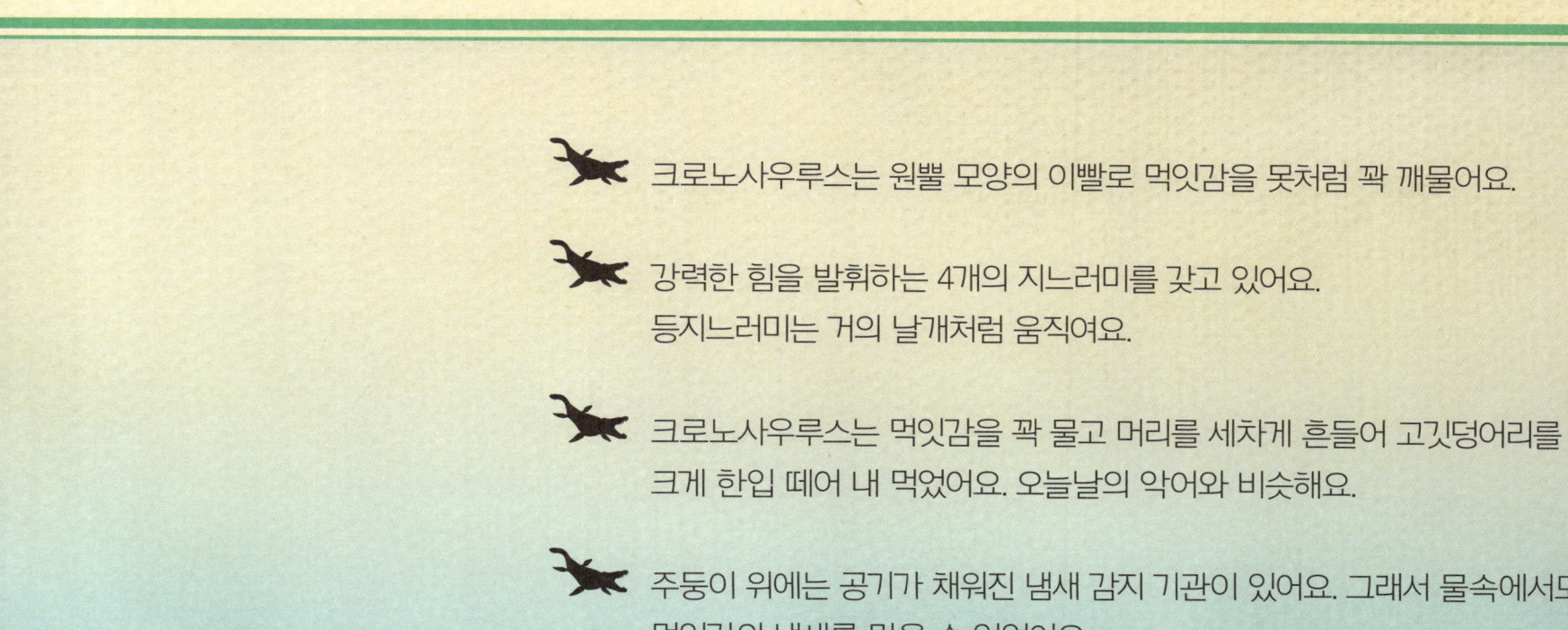

69

이크티오사우루스
Ichthyosaurus

- 이크티오사우루스는 바닷속에서 살던 어룡이에요. 수장룡처럼 바닷속에 사는 파충류지만 생김새는 돌고래를 닮았고, 지느러미는 물고기를 닮았어요.

- 눈이 무척 커서 깜깜하고 깊은 바다에서도 주변을 선명하게 볼 수 있었어요.

- 머리 안쪽에 숨겨진 예민한 귀로 물의 흔들림을 알아채 먹잇감을 찾았어요.

- 폐로 숨을 쉬었지만 육지로 올라오지는 못했어요. 그래서 가끔 물 밖으로 머리를 내밀었어요.

바다 파충류 더 알기

살던 곳: 전 세계 바다
이름의 뜻: 물고기 도마뱀
몸길이: 1.8m
몸무게: 90kg
살던 때: 2억~1억 9000만 년 전
먹이: 물고기와 오징어

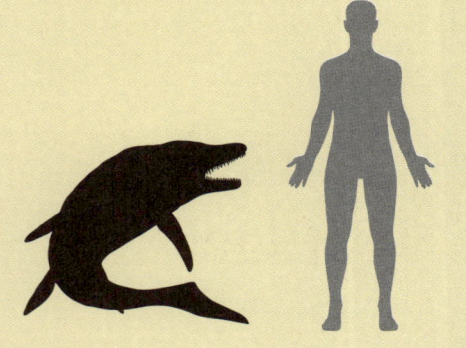

- 배 속에서 알을 부화시켜 따뜻하고 얕은 물속에서 새끼를 낳았어요.
- 길다란 주둥이의 입안에는 작고 날카로운 이빨이 줄지어 나 있어요.
- 먹이는 오징어와 물고기예요.

틸로사우루스
Tylosaurus

- 틸로사우루스는 지금껏 발견된 바다 파충류 가운데 덩치가 가장 커요.
- 공룡이나 다른 원시 파충류보다는 오늘날의 왕도마뱀과 더 가까운 친척이에요.
- 이 덩치 큰 사냥꾼은 전속력으로 먹잇감을 들이받아 공격했어요.
- 틸로사우루스는 노와 같은 지느러미를 활용해 방향을 잡았어요. 그리고 길고 편평한 꼬리를 움직여서 그 힘으로 물속을 헤엄쳤어요.
- 먹잇감이 도망치지 못하도록 날카로운 이빨로 세게 물었어요.

- 먹잇감을 씹어 먹지 않고 통째로 삼키거나 큰 덩어리로 나눈 다음 삼켰어요.

- 얕은 물속을 헤엄쳐 다니면서 온갖 종류의 동물을 닥치는 대로 잡아먹었어요. 심지어 육지 동물을 물속으로 잡아채 잡아먹기도 했어요.

바다 파충류 더 알기

살던 곳: 북아메리카의 바다
이름의 뜻: 혹 도마뱀
몸길이: 15m
몸무게: 9,000kg
살던 때: 8500만~8000만 년 전
먹이: 물고기, 거북, 파충류

디메트로돈
Dimetrodon

- 디메트로돈은 공룡이 나타나기 훨씬 전 지구상에 살았던 덩치 큰 사냥꾼이었어요.
- 디메트로돈은 같은 시대에 살던 공룡이나 원시 파충류보다는 오늘날의 포유동물과 더 가까운 친척이에요.
- 등에는 길고 가는 뼈들이 있고 그 위로 피부가 덮여 있어요. 커다란 돛 모양이에요.

- 이 돛 모양의 돌기는 디메트로돈이 햇볕을 쬘 때 몸을 따뜻하게 데워 주는 역할을 했어요.

- 몸을 식힐 때는 등을 햇볕 반대편으로 돌려요. 그러면 돛 모양 돌기가 햇볕을 받아들이지 않아서 열을 식힐 수 있어요.

- 주둥이 앞쪽의 긴 이빨로 먹잇감을 죽이고, 양쪽에 난 짧은 이빨로는 먹잇감을 잘게 씹어 먹었어요.

- 다른 공룡들과는 달리 디메트로돈의 다리는 몸통의 양옆으로 튀어나와 있어요.

원시 파충류 더 알기

살던 곳: 북아메리카와 유럽
이름의 뜻: 두 종류의 이빨
몸길이: 4.5m
몸무게: 250kg
살던 때: 2억 9500만~2억 7200만 년 전
먹이: 물고기와 커다란 양서류

가스토니아
Gastonia

- 이 공룡은 건조한 숲에 살며 나뭇가지와 잎을 씹어 먹어요.
- 몸통과 꼬리는 커다란 가시와 갑옷 판으로 단단히 둘러싸여 있어요.
- 특히 꼬리 양옆으로는 육식 공룡을 물리치기 위한 가시가 나 있어요.
- 크고 긴 등의 가시는 위쪽으로 나 있는데, 짝짓기 상대를 두고 경쟁할 때 덩치가 더 커 보이게 하는 효과가 있어요.

- 가스토니아는 여럿이 무리를 지어 살면서 유타랍토르 같은 공룡들의 공격을 물리쳤어요. (16~17쪽을 보세요.)

- 수컷은 머리로 박치기를 하며 서로 힘자랑을 했어요.

- 비록 배 부분이 단단하지 않았지만, 튼튼한 다리 덕분에 쉽게 넘어지지 않아서 배를 공격 당하는 일은 드물었어요.

공룡 더 알기

살던 곳: 북아메리카
이름의 뜻: 가스톤의 파충류
몸길이: 4.5m
몸무게: 900kg
살던 때: 1억 2500만 년 전
먹이: 식물

사르코수쿠스
Sarcosuchus

- 사르코수쿠스는 지금껏 지구상에 살았던 악어 가운데 가장 덩치가 커요.
- 악어는 공룡이 아니지만 공룡과 같은 시대에 살았고 가까운 친척이에요. 그리고 오늘날까지도 계속 살아남은 유일한 대형 파충류랍니다.
- 사르코수쿠스는 오늘날 살아 있는 제일 커다란 악어보다도 몸집이 두 배나 더 커요.

원시 악어 더 알기

살던 곳: 아프리카와 남아메리카
이름의 뜻: 황제 악어
몸길이: 12m
몸무게: 8,000kg
살던 때: 1억 1200만 년 전
먹이: 공룡, 큰 물고기

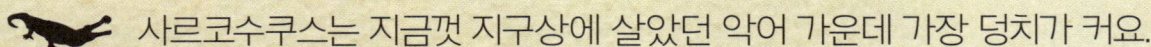

- 주둥이에 둥그스름한 혹이 있는데, 과학자들은 이 혹이 물속에서 소리를 내는 데 쓰였을 거라고 해요.

- 이 덩치 큰 악어는 강가에 숨어 있다가 물을 마시러 온 공룡들을 덮쳤어요.

- 커다란 턱은 티라노사우루스 렉스보다 두 배 더 센 힘으로 물 수 있어요.

- 사르코수쿠스의 눈은 앞쪽이 아닌 위쪽을 향해 있어요. 물속에 숨어 있는 동안 물 밖의 먹잇감을 놓치지 않기 위해서예요.